Felix Dahn

Sigwalt und Sigridh - eine nordische Erzählung

Felix Dahn

Sigwalt und Sigridh - eine nordische Erzählung

ISBN/EAN: 9783743487062

Hergestellt in Europa, USA, Kanada, Australien, Japan

Cover: Foto ©ninafisch / pixelio.de

Manufactured and distributed by brebook publishing software
(www.brebook.com)

Felix Dahn

Sigwalt und Sigridh - eine nordische Erzählung

Sigwalt und Sigridh.

✿ ✿ ✿

Eine nordische Erzählung

(frei erfunden)

von

Felix Dahn.

—

Dritte Auflage.

Leipzig

Druck und Verlag von Breitkopf und Härtel

1899.

Vollendet zu Salzburg am 3. August 1898

und

meiner lieben Frau

Therese

zu diesem Tag

unserer silbernen Hochzeit

zugeeignet.

I.

Die Sonne sank blutrot in die See.

Die Schlacht war geschlagen am einsamen Fjord.

Allzuviele Speere hatten die Landwüster geschwungen, die, aus den Drachenschiffen gesprungen, Mord, Brand und Raub in die Gehöfte getragen von Halgaland.

Auf schaumbedecktem Roß hatte ein Bote um Hilfe gerufen bei König Sigwin Weißbart.

Der hatte gerade auf seinem Hochsitz in der Halle zu Halga-Björg das Horn erhoben zum Nacht-Trunk: er setzte es nieder, bevor er's zum Munde geführt. „Zu Roß!" sprach er. „Königshilfe eilt."

Und mit den wenigen Helmen, die er um sich hatte in der Halle, war er den Vikingern entgegen geritten, seine Bauern zu schützen.

Nun lag er speerwund auf zerspelltem Schild; der weiße Sand der Düne ward rot von des alten Mannes Blut. Tot neben ihm lagen fast all' seine Gefolgen: in die Ferne, landeinwärts, — gen Mittag — tobte der Lärm der verfolgenden Sieger hinter den Schlachtflüchtigen her. — —

Die Wellen der beginnenden Ebbe wichen mählich, mählich zurück: immer leiser, leiser, — wie absterbend Leben.

Es war nun totenstill auf der Strandheide, darauf vor kurzem der rasselnde Kampf getost.

Der wunde König hatte die Augen ge= schlossen: nun schlug er sie auf: denn von Niedergang — aus dem nahen Föhrenwald — rauschten zwei Raben dicht über seinem Haupte hin, als wollten sie ihn wecken. Dann bäumten sie auf in der alten, morschen Dünen=Weide.

Der König hob den Kopf und sah gegen Westen.

Und nickte stumm. — Er schien ihn zu kennen, den Wanderer, der von daher nahte, langsam herausschreitend aus dem Saum der düstern Bäume. Erwartet schien er ihn zu haben.

Denn als der sich schweigend auf den schwarzen Bauta=Stein zu seinen Häupten setzte, den Speer über die Schulter gelehnt, die der dunkelblaue Mantel bedeckte, das gewaltige Haupt unter dem Schlapphut zu ihm gebeugt, da sprach der Wunde: „Du hältst mir Wort."

„Wie du es mir gehalten."

„Nach unsrem Bund und Vertrag! Sieg und Glück hattest du mir versprochen: und hast sie gewährt all' diese langen Jahre. Dafür sterb' ich jetzt den Bluttod und folge dir nach Walhall, unter deinen Einherjar für dich zu kämpfen."

„Und Walhalls Wonnen zu teilen. Schau

empor! Schon nahen dort im Gewölk auf ihren grauen Rossen die Walküren. — Aber du blickst nicht freudig. Fürchte nicht das Sterben: es schmerzt nicht. Nur das Leben schmerzt: — — zuweilen."

„Ich fürchte nichts für mich. Aber mein Knabe! Wenige Winter erst zählt er. Einen Spätling gebar ihn mir die Mutter. Und starb. Schutzlos spielt er im Baumanger von Halga-Björg. Meine Gesippen, meine Gefolgen liegen tot. Wer wird ihn schützen?"

„Ich! Sein Pate! Der ihm den Namen gab: — Sigwalt Odhinsfreund — schulde ihm Patengabe. So gelob' ich dir: ich rette ihn jetzt vor allen Feinden. In diesen Mantel geschlagen trag' ich ihn hoch durch die Wolken auf ein fernes Eiland: sicher vor Schaden wächst dort er heran. Zur rechten Zeit kehrt er zurück, sein Erbe zu erstreiten mit sieghaftem Schwert. Alsdann geb' ich ihm zum Schutz einen Schild. Einen lebendigen Schild."

„Einen lebendigen Schild?“ staunte der Wunde. „Ich kann's nicht fassen.“

„Einen lebendigen Schild, der ihn schützt immerdar. Wenn er nicht selbst ihn zerstört.“

„Das wird er nicht.“

„Weißt du das? Selbst die Nornen wuß=ten's nicht, als ich sie fragte. Denn was sie weben, — nicht wissen's die Weber. Auch nicht die Schicksal=Weberinnen! Sie weben, was sie müssen, nicht, was sie wollen. Aber gesorgt wird für das Patenkind so treu der Pate sorgen kann. Du weißt: ‚reich lohnt Odhin . . .‘“

„Treue Freundschaft!“ nickte der Held. „Ich danke dir. Sieh, mit letztem Blicke schau' ich dort die Walküre nahn. Ich höre das Schnauben ihres Rosses. Nun wird es Nacht vor meinem Auge . . .“

„Bald wirst du wieder strahlend Licht erschaun. Rasch, Helmwine, trag ihn empor!“

II.

Zwanzig Winter waren vergangen.

Der linde Lenz war gelandet auf dem Eiland der Angelsachsen. Auch in den Königsgauen von Kent. Lieblich blaute dort an der Ostküste das Meer um die vorspringenden Landspitzen und kleinen Eilande, kleine rosig behauchte Wolken zogen über den hellen Himmel hin bei lauem Südwest: in Bluft und Blüte stand Weißdorn und Rotdorn: um die stark duftenden Dolden flogen ämsig die Bienen.

An den feinen weißen Sand des Strandes spülten sanft die Wellen des leise atmenden Meeres: Sehnsucht weckte die sanfte Bewegung, unbestimmte, in die Ferne hin wünschende, hoffende Sehnsucht.

Sie flutete auch in den Träumen des
Jünglings, der, den Rücken an die steil auf=
steigende Dünenwand gelehnt, hinaus schaute
in die unabsehbare See, aus der die Morgen=
sonne, die Nebel wie mit goldnen Wurf=Lanzen
vor sich niederstrahlend, sieghaft aufstieg wie
ein junger Held.

„Soll ich dich freudig grüßen, neuer Tag?"
sprach der Träumer leise vor sich hin. „Wa=
rum freudig? Ich habe keinen Grund zur
Freude. — Oh, das war ein undankbar
Wort. Hörten's König Hengist und die Thane
und Hallgenossen und — nun, und Andere!
— mit Recht würden sie dem Unzufriedenen
grollen, an dem sie gutes gethan — nur
gutes! — diese zwei Jahrzehnte. — —

Wenn ich's gedenke! Ein zarter Knabe
war ich — in einem bäumereichen Anger —
nah einem stolzen Königshaus — war ich
eingeschlafen auf blumiger Wiese. Wie im
Traum war mir, als würd' ich aufgehoben
und davongetragen von einem Gewaltigen in

faltigem, langwallendem Mantel über Wälder
und Felsen und Meereswogen dahin.

Als ich erwachte, saß ich in fackelheller
Halle auf eines hohen Mannes Schos: ringsum standen und staunten seine Thane. ‚Heil!‘
riefen sie, ‚König Hengist! Das war Woden,
deiner Sippe Ahnherr selbst, der urplötzlich
hier vor deinem Hochsitz stand: — nicht hatten
die scharfen Thorhunde angeschlagen! — in
Hut und Mantel und dir den schlafenden
Knaben auf den Schos setzte, den Finger
mahnend hob und aus der aufgesprungenen
Thüre wieder verschwand wie ein dunkel-
blauer Rauch.‘

‚Ja‘, sprach der gute König. ‚Das war
Woden. Und mein Schos=Sohn soll der
fremde Knabe sein, da mir meine Königin
nur eine Tochter gebar, bevor sie starb. Aber
wer mag er sein? Wie mag er heißen? Da,
schaut auf der Silber=Spange an seinem Arm,
die Runen: „Sigwalt Odhinsfreund! —
Reich lohnt Odhin treue Freundschaft." —

Aus Norland stammt er: Odhin sagen sie
dort für Woden.'

Da, deutlich zeigt es heute noch die breite
Spange. — Und wie einen Sohn wahrlich
hat alle Zeit der greise König mich gehalten.
Und seine Thane. Und Guntfride, seine
Tochter, das viel gute Kind: zur Schwester
hat ihre Güte sie mir gemacht. Und Waffen
eigne ich, Ringe und Rosse und breite Weizen=
äcker in drei Shiren: neben dem König sitz'
ich in der Halle, manchen Sieg erfocht ich
ihm über die schlimm heerenden Vikinger aus
Seeland: schon rühmen Harfen=Skalden mein
rasches Schwert . . .!

Und doch!

Unfroh schlägt mir, leer, unausgefüllt das
junge Herz in der Brust. Und ein Fremd=
ling bin ich im Lande.

Jüngst sah ich am Ufer des raschen Mid=
way einen stattlichen jungen Baum, eine
freudige Buche: mit allen Wurzeln hatte die
Überflutung ihn losgerissen von der nährenden

Scholle der Heimat und ihn fortgetragen im
Braus: nun lag er am Sande: die fröh=
lichen grünen Zweige welkten gelb: er konnte
nicht Wurzel fassen in der Fremde: so starb
er hin! —

Und so zehrt an mir ein seltsam Weh.
Ist's Heimweh? Oft zeigt mir ein Gott
im Traum ein fernes Land, mit hohen Eis=
bergen, mit rauschenden Fjorden — einen
Baumanger, darüber ragend ein altes Königs=
haus — wie ich's in Kindheit=Tagen um mich
gesehn — mein Land, mein Vaterhaus! Aber
fremde, feindliche Männer schalten darin.
Dorthin zieht mich der Seele Drang. Dort=
hin gehör' ich nach Pflicht und Recht! —

Und auch da drinnen tief in der Brust
— da klafft schmerzend eine Leere. Nicht der
milde König, nicht die Hallgenossen, nicht
das holde Kind füllen sie und stillen das
Sehnen.

Ach, ein Andres begehr' ich so heiß! Allein
was? Wen? Wohin zielt dies Sehnen?

Alles liegt mir verhüllt: — verschleiert wie
die ferne See dort von weißem, flirrendem,
wogendem Nebel! — —

Aber halt! Was seh ich? Was taucht
auf über jenem Nebeldunst, hoch, hoch ob der
Seeflut? In den Lüften des Himmels! Eilend
jagt es heran, unhörbar die zergleitenden
Wolken zerteilend! Ein eisengrau Roß! Darauf
ein Weib! Eine rasche Reiterin! Wie fließt
aus dem Helm ihr das goldene Haar! Wie
glänzt ihr die Brünne im Sonnenglast! Sie
naht! Schon ist sie da! Schon hält vor mir
— im Wasser des Strandes — das schnau=
bende Roß! Wie zauberschön ist sie! Wer
bist du, Jungfrau der Wunder?"

Da lachte sie freudig, die herrliche Maid
und bog sich zu ihm herab, den Hals dem
Rosse klopfend: „Sigridh heiß ich. Siegvaters
Tochter rühm' ich mich und seiner Schild=
jungfrauen jüngste. Heil dir, Sigwalt, mein
Gesell! Denn dir zur Gesellin hat mich Sieg=
vater bestellt. Wohl that er daran: denn du

gefällst mir, Sigwalt! Gern werd' ich dir des
Sieges walten. Schau dort gen Nordost!
Schau scharf! Weichet, ihr Wolken! Siehst
du nun? Ein Drachenschiff rauscht heran.
Das führt Arn, deines Vaters alter Waffen=
träger. Er holt dich heim, Herr Jungkönig
von Halgaland. Die Zeit ward reif. Der
rechte Erbe soll sein Erbe reißen aus böser
Nachbarn Gewalt. Wohlauf, zum Kampf,
zum Sieg, mein Geselle!"

„Oh halt! Halte noch! Nicht wende das
Roß! Nicht enteile schon, du Herrliche! Wo
— wo — wann schau ich dich wieder?"

Da sprach die Jungfrau ernst, warnend
die Rechte hebend: „Nicht wünsche dir das,
mein Geselle. Wann je du mich wieder siehst,
droht dir Verderben. — — Ich aber werde
dich gar oft schauen, aus den Wolken herab,
und dieser Schild wird oft dich beschirmen.
Du jedoch — wünsche dir nicht, Sigridh
wieder zu schauen! Und gelobe zu schweigen
von dieser Begegnung."

„Ich gelob' es — bei deinen wunderbaren Augen."

Sie nickte lächelnd und schon verschwanden Roß und Reiterin im sonnendurchflimmerten Nebel hoch in den Lüften.

III.

König Hengist im grauen Bart saß auf dem Hochsitz in seiner reichen Halle, um ihn her seine Gefolgen, seine Schildgenossen, ihm zu nächst die tapfersten, treusten.

Unter ihnen eilten hin und her mit hoch= gehenkelten Krügen voll Metes und Alles weißarmige Maide. Und nicht verschmähte es ihre Herrin, des Herrschers junge Tochter, aus goldenem Krug den Geehrtesten der Thane die versilberten Hörner zu füllen.

So that sie auch Sigwalt und den drei vor kurzem gelandeten Gästen, die, in voller Rüstung seefährtiger Männer, neben ihm an einer runden Tafel unterhalb der Stufen des Hochstuhls saßen.

Zögernd, traurig ruhte dabei der Blick der sanften dunkelbraunen Augen auf dem Jüngling.

Der sah es nicht: ein freudiges, ein strahlendes Lächeln spielte um die halbgeöffneten Lippen, auf denen der blonde Flaumbart sproßte; die blitzenden grauen Augen hingen an dem Mund des Königs, der nun das hohe Wisenthorn zur Seite schob und begann: „Selten schreitet Frau Saelde unbegleitet über der Erden-Männer Schwelle: ein Schatte folgt ihrem Leuchten. So kam auch in diese Halle Freude, geschritten, Hand in Hand mit ihrem Zwillingsbruder, Schmerz. Freude muß es ja sein jung Sigwalts Freunden, daß ihn eine Zauberthat Wodens .... ich kann es kaum glauben, konnte es nicht ganz verstehn! Berichte genauer, Arn, Arnsteins Sohn! Wohl kannt' ich dich schon vor vielen Wintern als wahrhaft und treu, König Sigwins Schildträger, als wir alle drei noch in braunen Haaren gingen. Darum glaub' ich

2*

deinem Wort, auch was nicht glatt zu glauben.
Sprich, wie war es doch?"

Der Alte hob sich vom fellbedeckten Sitz
zur Rechten Sigwalts, neigte sich dem König
und, indem er faſt zärtlich die Linke auf des
Jünglings Schulter legte, hob er an: „Reichen
Dank ſchulden wir alle dir, wir Männer aus
Halgaland, milder König, für alle die Milde,
die du unſrem Jungkönig gethan haſt immer=
dar: der Dank fliege — wie eine weiße Taube
— meinen Worten voraus. Nun hört, was
wunderſam, aber wahr.

Ihr habt wohl durch fahrende Skalden,
auch durch eure Kauffſchiffe etwa, die nicht
ſelten in unſere Fjorde einſegeln, reichere Güter
als unſer raubeſeres Land eignet, uns zu bringen,
— ihr habt wohl vernommen, was bald nach
unſeres teueren Herren Fall geſchah.

Ich und mein Bruder Arnſtein hier und
mein Neffe Arngrimr, Arngers Sohn, ſind
die einzigen aus ſeinen Gefolgen, die ihn über=
lebten: denn wir weilten damals zu Lethra auf

Seeland bei dem Dänenkönig als seine Boten.
Als wir heimkehrten, fanden wir herrschend
in der Halle zu Halga-Björg Swen, Jarl in
Hardaland, einen fernversippten Vetter unseres
Königshauses. Der war auf das erste Gerücht
von jenem blutigen Tag herbeigeeilt in das
verwaiste, das meisterlose, unverteidigte Land:
denn die Vikinger waren hurtig wieder abge=
segelt, nachdem sie ihren reichen Raub auf die
Drachen geschleppt. Swen aber, der Finstere,
hätte wohl auch des Königsknaben, des echten
Erben, nicht geschont, fand er ihn in der leeren
Halle! Aber der geplante Mord des Gesippen
blieb ihm erspart: denn wie durch Zauber
war das Kind entrückt aus dem wohl um=
hegten Obstanger, in dessen Rasen schlummernd
es die Wärterin verlassen.

Jarl Swen griff nach dem entsunkenen
Königsstab: seine mitgebrachten Gauleute —
die landfremden! — erzwangen seine Wahl.
Vergebens eiferten wir drei und unsre Ge=
sippen gegen den Anmaßer: wir forderten, der

solle nur als Muntwalt des Königsknaben
der Herrschaft einstweilen walten! — Denn
wir gaben die Hoffnung nicht auf, den Ver=
schollenen wiederzufinden.

Aber der Schwarzlockige lachte: ‚Tot ist
der Nestling des alten Adlers! Wünscht
nicht, mir ihn lebend zu bringen! Oder viel=
mehr den, welchen ihr für ihn ausgebt: we=
nige Atemzüge hätte er dann noch zu leben.‘
Wir aber verzagten nicht: wir vermute=
ten, die Vikinger hätten ihn gefunden und
mit den anderen Ergriffenen fortgeführt:
freilich sollte er ja schon am Abend ver=
schwunden sein, noch bevor in der Nacht
die Räuber die Halle erreichten: allein wir
hofften gegen die Hoffnung und unermüdlich
zogen wir aus jedes Frühjahr, sobald die
Fjorde eisfrei geworden, und forschten und
suchten in jener Vikinge Heimat — in Svea=
rike — und sonst an allen Küsten Nord=
lands, ja auch Sachslands und sogar Fran=
cias nach dem Verschwundenen: auch in

mancher Hafenstadt eueres weltfernen Eilands:
alles vergeblich!

Als wir aber wieder einmal heimgekehrt
waren aus dem fundlosen Suchen, da em=
pfing uns in allen Hallen, Höfen und Hütten
verzweifelndes Klagen über des Gewaltherrn
grausam hartes Walten. Von Winter zu
Winter trieb er's ärger! Nicht als ein König
herrschte er, der doch nur um seines Volkes
willen waltet über uns freie Nordleute:
nein, sein Wille — laut sprach er's aus in
frevler Überhebung! — sein Königswille sollte
oberstes Gesetz sein in seinem Reich. Das
aber ist unerhört bei allen Nordleuten, so
lang sie schreiten auf der Männer=Erde!
Und er ließ es nicht bei dem frevlen Wort
rechtlosen, maßlosen, ruchlosen, wahnsinnigen
Königsstolzes: frevle Thaten führten es aus.
Wer ihm widersprach, war er noch so tapfer
im Heerkeil, — noch so weise im Rat, ver=
bannt ward er aus seinem Angesicht! Ge=
walt=Druck gegen jeden freien Nacken, der sich

nicht beugte seinen Königslaunen, füllte das Land.

Da beriefen wir Arninge ein All-Land-Ding nach Halgastein an dem Alf-Fjord, zu beraten über den Jammer des Volkes und wie ihm zu helfen sei. Aber der Gewaltherr erfuhr's: mit seinen Gefolgen, den wilden Gesellen aus Hardaland, und mit vielen geworbenen Söldnern, — Vikingern, Land-räubern, üblen Zauber-Finnen, — überfiel er uns, sprengte uns auseinander, mordete, wen er erreichte, vertrieb die Übrigen aus der Heimat und wütete nun ohne Widerstand wilder als zuvor!"

Da stöhnte jung Sigwalt, die Hand des Alten abschüttelnd und mit der Rechten an die Stirne schlagend: „Und ich saß hier und trank Schosvaters Met und ließ mein Volk verderben! Aber Geduld, Halgaland! Dein König kommt!" Und zornig schlug er mit geballter Faust auf den Tisch, daß die Hörner und Becher erklirrten.

„Gut gekreischt, junger Adler!" lächelte
der Graubart wohlgefällig, „ja, bald sollst
du die Fänge brauchen! — Wir drei und
wenige Genossen waren den Mordbuben ent=
kommen. Noch einmal begannen wir die
hoffnungslose Suche: — diesmal bis Fries=
land! Vergeblich! Wir ankerten zuletzt vor
einem kleinen friesischen Werder.

Traurig lagen wir drei eines Nachts auf
Deck der kleinen Fischernaue, auf der wir
entflohen waren. Es war ein nebelreicher,
düsterer Herbsttag gewesen: aber jetzt drang
zuweilen der Vollmond durch zerrissen Ge=
wölk, das vor dem Winde trieb: und dann
erglänzte unser Schifflein, Mast und Lub=
Segel silberhell.

Zum Tode betrübt sprach ich da zum
Bruder: ‚Untragbar hartes legte Odhin uns
auf. Weder den Königserben läßt er uns
finden noch den Machträuber, den Rechts=
brecher stürzen: mit ansehen müssen wir's,
wie unser Volk zertreten wird. Ich mag's

nicht länger tragen. Ich binde mir den schweren Drei=Anker dort um den Hals und . . .‘

‚Nicht also, mein Bruder,‘ sprach Arn=stein kopfschüttelnd. ‚Wohl wollen wir ein Ende machen. Aber nicht hinab zu Ran, in ihr grausiges Netz . . .‘

‚Und dann gar nach Hel,‘ rief mein Neffe, dieser Arngrimr da. ‚Nach Hel! Dem ewig freudlosen, wo bleiche Schatten seufzend schweben, noch einmal zu sterben wünschend, um nie mehr zu erwachen. Graunhaft ist Hel! Nein, heraus die Schwerter, alle drei. Keiner soll den Kampf überleben! Und nach dem Bluttod: — auf, nach Walhall!‘

‚Ja,‘ schloß ich und griff an's Schwert. ‚Was frommt's zu leben, da jung Sigwalt tot!‘

‚Jung Sigwalt lebt!‘ sprach da eine Stimme hinter uns, vom Strande her, — eine Stimme, deren gleichen ich noch nie ge=hört: nicht laut: verhalten, aber alldurch=dringend.

Wir sprangen auf, wir sahen hinter uns: da glitt dicht an unsrem Backbord hin, aus dem Nebel in den Bereich des Vollmonds tauchend, ein winzig kleiner Kahn: an dessen Steuer stand ein Gewaltiger in dunklem Mantel mit breitrandigem Hut.

Wir erschraken über dem plötzlichen Auftauchen von Schiff und Mann, die nun dicht Bord an Bord mit uns lagen.

Bald aber faßte ich mich und sprach entgegen: ‚Der du unhörbar nahst und geheime Zwiesprach erlauschest, wie lautet dein Name?‘

‚Nur Eines Namens genügte mir nie, seit ich unter die Völker fuhr.‘

‚Und dies Schifflein?‘ fragte Arngrimr. ‚Wie kannst du auf diesem Baumblatt in See gehen?‘

‚Skibbladnir,‘ lachte der Wirrbart, ‚ist der Schiffe bestes.‘

‚Einen Kaufmann acht’ ich dich), einen schlauen Friesen,‘ meinte mißtrauisch der Bruder.

‚Ja,‘ fuhr ich fort, ‚der nach Golde gehrt. Aber wähnteſt du, durch günſtige Kunde, durch täuſchenden Troſt Gold als Botenlohn von uns zu erliſten und Gabe . . .‘

‚Da irrſt du, Freund,‘ lachte traurig mein Neffe, ‚leer ſind uns Ranzen und Taſche.‘

‚Alle Lande haben wir durchforſcht nach Sigwalt,‘ ſchloß ich unwillig. ‚Nichts fanden wir! Warum ſollten wir dir glauben?‘

‚Nicht glauben ſollt ihr: — ſehen! Schaut her!‘ ſprach der Fremde befehlend. Er reckte den rechten Arm aus dem Mantel vor, bog ihn, ſtemmte die Fauſt auf die Hüfte und gebot: ‚Seht durch dieſes Arm = Bogens Rund. Schaut in die Halle des Königs von Kent.‘

Wir drängten uns vor, dicht heran, die Köpfe dicht aneinander und oh Wunder! Wir ſahen . . .“

„Nun?“ rief mit weit geöffneten Augen auf den Erzähler ſtarrend die Königstochter. Aber glühende Röte der Scham übergoß ſo=

fort die Wangen der Jungfrau, die in die
Rede der Männer geredet.

„Ihn sahen wir, hold Königskind! Und
dich! Und König Hengist dort auf jenem
Hochsitz und viele dieser Thane hier sitzen an
diesen Tischen."

„Ja," fuhr der Neffe fort, „und so deutlich
und hell zeigte ihn uns der Vollmond wie
ihn hier die vielen Fackeln nicht zeigen."

„Und so ähnlich sah er seinem Vater,"...
unterbrach Arn.

„Und so ganz ähnlich auch dem Knaben
in den Tagen, da er verschwand..."

„Daß wir alle drei jubelnd riefen: ,ja,
er ist's: er lebt! Heil, König von Halga=
land!'"

„Und als wir nun die Augen endlich
von ihm lösten und dem Zaubermann dan=
kend ins Antlitz sehen wollten,..."

„Da verschwamm der plötzlich in wallen=
dem Nebel..."

„Dunkel Gewölk zog über den Mond..."

„Und verschwunden waren Nachen und
Mann!“

„Und erkannten wir da Alle, wer der
Frembling gewesen.“

„Und erschauernd sanken wir auf die Knice
und riefen: ‚Dank dir und Heil, Odhin von
Asgardh! Du — wahrlich der Wunschgott!‘“

„Und noch in derselben Nacht lenkten wir
unser Schifflein nordwärts, landeten alsbald
an abgelegener Felsenbucht der lieben Hei=
mat, beriefen die nächsten Gesippen, Nachbarn
und andere treue Männer in nächtiger Heim=
lichkeit, verkündeten ihnen die frohe Kunde
und fragten, wer mit uns ausziehen wolle,
den Königssohn würdig abzuholen nach Halga=
land zum Kampf um sein Erbe?“

„Und meldeten sich da so viele, —
denn der Haß gegen den blutigen Eber war
noch immer gestiegen! — daß wir gar manche
zurückweisen mußten von dem Einen Drachen=
schiff, das wir nur aufbringen konnten für
so weite und so wichtige Fahrt.“

„Und glücklichen Fahrwind, freudigen Ostnordost, blies uns der Wunsch= und Wind=Gott in die Segel, daß wir in nie er= hörter Raschheit diesen Strand erreichten..."

„Und gleich unsern Jungkönig trafen, einsam auf dem Dünensand liegend, voll Sehnsucht, wie er uns sagte, nach der Hei= mat und hinweg von hier."

Da traf Sigwalt ein schmerzlicher Blick der sanften braunen Augen. — —

IV.

Allein abermals sah er das nicht, wie er nun aufsprang und, die Rechte zu dem König emporreckend, freudig rief: „Ja! Mich verzehrte ein Sehnen: — ich wußte nicht, nach was? Nach wem? Nun weiß ich's: nach der Heimat, die den Retter, den Rächer ruft. So heisch' ich denn Urlaub, König Hengist, Schoßvater: — nein, den Blutvater hast du mir ersetzt. Habe denn Dank, mein Vater, für alle Liebe und Güte! Urlaub heisch' ich für immerdar!"

Da schwebte unhörbar ein Seufzer aus den zuckenden Lippen des Mädchens.

Der alte König aber sprach gar ernst: „Leicht wird dir, kurz machst du das Scheiden

— nach so langen Jahren! Doch ist's der Jugend Art: in die Zukunft schaut sie, freudig hoffend, vor-, nicht rückwärts blickt sie auf das Vergangene! Und ich darf nicht schelten, nicht wehren. Dich ruft dein Volk, dich entsendet der waltende Woden. So zieh hin im Schutze guter Gewalten. Zum Abschied — als letzte Gabe! — geb' ich dir mit mein bestes Orlogschiff und hundert Helme: ich brauche sie nicht zu bannen zu dieser Heerfahrt: ich weiß, viel mehr als hundert werden sich drängen unter deine Fahne: denn aller Herzen — ach aller! — Liebling warst du hier. In wenigen Nächten sind Schiff und Schar gerüstet: dann magst du scheiden — wie du es wünschest! — für immer."

Des Alten Stimme bebte: er stockte: ein rascher Blick suchte der Tochter Auge: aber diese hielt die dunkeln Wimpern tief gesenkt.

„Doch," schloß er, „vergiß in der Heimat nicht ganz dieses Landes . . . ."

„Zweite Heimat ward es mir!" rief der Jüngling.

„Noch der treuen Herzen, welche dir hier schlagen."

„Oh mein Vater! Oh Guntfride! Laß dich Schwester nennen! Aber . . . wohin — wie — entschwand die Jungfrau so rasch?"

V.

Und nach wenigen Nächten lag das mächtige Königsschiff neben dem kleineren aus Halgaland segelfertig wie dieses.

Und auf beiden Decken standen hinter den hohen und dichtgefügten Schildwehren der Flanken die hundert Krieger von Kent und die sechzig aus Halgaland in voller Waffnung.

Von der Königsburg her führte — außer der breiten Königs- und Heer-Straße — nach der Küste herab ein schmaler Pfad durch einen schönen Wald: diesen Weg, ihm allvertraut und lieb, wählte Sigwalt für seinen letzten Gang, nachdem er von dem König und

deſſen Thanen Abſchied genommen hatte und
nun die Seinen auf den Schiffen auſſuchte
zur Abfahrt.

Langſam ſchritt er: oft blieb er unter=
wegs ſtehen, mancher Stunde des frohen
Waidwerks gedenkend, auch mancher des
Ballſpiels mit der Königstochter und deren
Maiden, von manch altem Baum Abſchied
nehmend, wie von altem Freund.

Gerade hatte er ſinnend zu einer mächti=
tigen Eſche hinaufgeſchaut, — ‚dem Woden=
Wipfel‘, wie die Krone hieß — und wollte
nun fürbaß ſchreiten: da rauſchte es in
dem dichten Buſchicht von niedrigen Hain=
buchen um den Stamm her und eine ſanfte
Stimme ſprach: „Nimm noch was mit!“ Und
aus dem Dickicht trat des Königskindes zarte
Geſtalt.

„Guntfride!“ rief der Jüngling freudig
überraſcht. „Das iſt gütig, iſt freundlich:
dies Letzte wie Alles zuvor. Umſonſt forſchte
ich nach dir oben im Frau’nſaal, Abſchied zu

nehmen. Deine Gürtelmaid wußte nicht,
wo ...."

„Ich aber wußte, du werdest ihn noch=
mal grüßen, den Wodenwald. Denn du bist
treu in deiner — Freundschaft. Und hier,
vor unserm lieben Bäumen, solltest du ein
Andenken nehmen an Guntfride."

Sie schlug den lichtgrünen Mantel aus=
einander und reichte ihm dar ein viereckig
Stück blaugrauen Tuches, das war in Gold
reich mit Runen benäht und mit Bildern
bestickt. Sie hielt es ihm nun, auseinander
gespreitet, vor die Augen.

Freudig griff er danach: „Eine Fahne!
Meine Fahne, wie der alte Arn mich ge=
lehrt. Durch den graublauen Himmel hin
schweben Siegvaters Raben. Und sieh, rings=
herum der Runenspruch auf meiner Spange:
‚Reich lohnt Odhin treue Freundschaft.' Ich
danke dir, liebe Schwester! Wer hat dich all'
das gelehrt?"

„Nun: Arn. Und — das Herz. Aber ämsig

galt es sticken und nähen. Hatte ich doch nur
wenige Tage! So nahm ich die Nächte dazu.“

„Deshalb also sah man dich fast nie mehr
all’ diese Zeit!“

„Wahrscheinlich deshalb,“ lächelte sie trau=
rig. — „Möge stets der Sieg in dieser Fahne
rauschen ob deinem Haupt!“

Da gedachte Sigwalt der herrlichen Wal=
küre, die ihm das Gleiche gewünscht, — nein,
geweissagt. Schon öffnete er die Lippen, ihr
davon zu sagen: doch er gedachte, wie er
Schweigen gelobt. Und er schwieg.

„Aber nicht nur Siegvater befreunde dich,“
fuhr sie fort und sah zur Erde. „Frigga
führe dir zu die freudige Frau, dir zu die=
nen in Demut, dir die Halle, dir all’ dein
Leben zu schmücken durch Schönheit. Denn
solches, dünkt mich, ist Frauen Art und Amt.“

Da gedachte Sigwalt der schönen Wal=
küre, aber auch ihres Warnworts, sie wieder
schauen werde sein Verderben. So schüttelte
er leise das Haupt.

„Guntfridens aber," schloß sie, „sollst
du nur dann gedenken, wann du ihrer be=
darfst. Du oder .... die deinen. Wohl
bin ich nur ein Weib: aber viel mag Weibes=
freundschaft frommen, ist sie treu. Und ich
bin treu."

Schon war sie im Buchen=Dickicht ver=
schwunden.

„Guntfride! Habe Dank! Verweile noch."

Aber schon nickten ganz fern die Büsche,
durch die sie dahinglitt.

Noch einen kurzen Blick warf der Jüng=
ling ihr nach; dann schlug er das Fahnen=
tuch um die Schulter und jauchzend sprang
er hügelab hinunter zur Küste.

———

Nun traten von links her — von der
andern Seite des Schmalpfades — aus dem
wildverwachsenen Buschicht ein hoher Mann
und — in linnenblüten=farbenem Gewand —
eine wunderherrliche Frau. Jener sah dem

enteilenden Helden, diese der verschwundenen
Jungfrau nach).

„Arger Gott!" sprach zuerst die königliche
Frau. „Abermals führst du deiner Lieblinge
einen zu deinen stolzen Zielen und wenig
kümmert's dich dabei, geht der Weg dabei über
zuckende Herzen. Mich erbarmt des lieben,
stillen Kindes, des pfeilwunden jungen Rehs!
Ich will ihr Vergessen in die Seele zaubern."

Odhin zuckte leise die Achseln: „Thu's,
wenn du willst. — Aber wie sprachest du,
als ich die gleiche Gunst Hilde gönnen wollte
nach Helgis Fall? Wie sprach da die Göttin
der echten, weil der treuen Liebe, nicht Freia,
die heiße, die wechselfrohe? ‚Besser um
Liebe leiden, ja um Liebe sterben als ohne
Liebe leben.' Hast du seither deinen Sinn
gewandelt?"

„Du weißt, Frigga ist unwandelbar,"
sprach die schöne Frau und legte ihre beiden
herrlichen Arme auf seine beiden Schultern.
„So bleibe ihr der Liebe Leid. Auch das ist

Glück. Und vielleicht wird ihr doch noch ein Lohn ihrer Treue."

„Niemand weiß sinniger Treue zu loh= nen, als Frigga, der Treue Göttin selbst," sprach er und küßte sie auf die Augen.

VI.

Und wäre nun viel davon zu sagen, wie
Sigwalt mit seinen beiden Schiffen, vor gu=
tem Winde treibend, gar rasch an die Küste
seiner Heimat gelangte, wie sie landeten, wie
aus allen Heraden und Fylkir die Männer
herbei eilten, auf die Kunde, König Sigwins
Sohn sei heimgekehrt, sein Erbe zu nehmen
von dem Landräuber und die gequälten Odal=
bauern und Bonden zu befreien von Druck
und Jochzwang.

Und wie sein Haufe schnell anwuchs — wie
ein Schneeklumpen, der vom Gletscher herab=
rutscht, — so daß er nach wenigen Nächten
den Gewaltherrn aufsuchen konnte in seiner
festen Zwingburg, die er sich nahe der alten

Königshalle aufgetürmt hatte am Haugar-Fjord, unter harter Frohn der Bauern ringsum. Und wie bei dem ersten Sturmlauf jung Sigwalts Adlerhelm der früheste war, der auftauchte oberhalb des äußern Ringwalls, wie der Schwarzkönig von dem höheren inneren Ringwall herab mit beiden Händen einen viel hundert Pfund schweren zackigen Felsstein wohlgezielt auf dessen Helm schleuderte, unvermerkt von dem Jüngling, so daß der alte Arn hinter ihm, ohnmächtig, seinem jungen Herrn zu helfen, laut aufschrie vor Schreck, wie aber der Fels, gerade bevor er die Spitze der Adlerschwingen erreichte, seitwärts absprang, wie von unsichtbarem Schild aufgefangen, zum Staunen von Feind und Freund.

Wie dann der Königssohn auch den zweiten Wall erklomm und auf der Krone Swen, der sich grimmig wehrte, mit dem Speere durchstach.

Wie dann alles Volk zum Ding gebannt wurde bei der alten Halga-Björg und wie der

Sieger, hier von allen Männern zum König von Halgaland gekoren, den Hochsitz seines Vaters in der Halle bestieg.

Aber oft kömmt kurze Kunde dem Ohr willkommener als langes Lied und auch wuch= tigem Werk genügen oft wenige Worte. König Sigwalt sandte nun die hundert Kentuwaren, reich bedankt und reich beschenkt für sie selbst, für König Hengist und dessen Tochter nach Hause, und wandte all' seine Sorge dem so lang und schwer bedrückten Volke zu. Er erließ die Schatzung, die der Goldgehrende allen Freimännern und Frei= höfen aufgebürdet und spendete reich aus dem Horte, den der Harte habsüchtig hochgehäuft.

Und sangen bald die Skalden seiner Tha= ten im Kampf und im Frieden Lob in Lied= stäben, von denen manche auch in diese Schlicht= red einschlüpften.

Allein der junge Herrscher ward gar oft abgerufen aus den milden Werken des Frie= dens durch neue und alte Feinde.

Tostig, Swens Sohn, den der zum Jarl
von Hardaland bestellt hatte, war auf Raub=
fahrt fern gewesen in den blauen Meeren
von Grêka=Land, als der Gewaltherr fiel.
In die Heimat zurückgekehrt, gelobte er
Blutrache für den Vater und fiel heerend ein
in Halgaland: mächtig und gefährlich war er
durch die Waffen ungezählter Vikinger, die,
seine alten Raubgenossen in gar mancher
kühnen Fahrt, dem Jarl gegen Goldsold und
um der Beute willen eifrig halfen: denn
Tostig hatte ihnen geeidet, schonungslos soll=
ten sie morden, brennen, rauben, Weiber und
Kinder fortschleppen, das ganze Land wüsten
und öden dürfen.

Das thaten sie denn nach Herzensbegehr
und desgleichen Tostig der Bluträcher und
seine grimmen Männer aus Hardaland.

So mußte denn König Sigwalt gar oft
ausziehen bald zu Land, bald zur See, seine
Bauern zu schützen.

Dabei staunten nun wieder gar mächtig

Feind und Freund: nicht nur, daß er niemals sieglos ward, — treu, wie ein zahmer Edel= falk, sangen die Skalden — schwebte der Sieg ob dem blaugrauen Banner — stärker noch, daß der Held unverwundbar schien, wie durch Zauber gefeit.

Jauchzend warf er sich in die Speere, in jede Gefahr: und nicht die Haut ward ihm geritzt in so vielen, vielen Gefechten.

Ohne Gesichtsberge war sein Helm: offen trug er das Antlitz dem Feind entgegen, in den dichtesten Keil der Speerwerfer von Harda= land sprang er, in das Schwirrgewölk der Pfeile der finnischen Bogenschützen, die der Jarl geworben: jede Spitze, mit dem Saft der Tollkirsche oder dem Gift der Kupfer= otter bestrichen, trug den sichern Tod in jeden Ritz der Haut: — aber hart vor seiner Stirn prallten sie zurück, wie erschrocken vor der grauen Augen zornigem Blitz.

Einmal sprengte er — allzukühn! — den Seinen weit voraus einen kahlen Steil=

fels hinan, von deſſen Krone die Feinde zu
vertreiben. Sein Schwarzroß ſtrauchelte und
fiel auf die Kniee: der Reiter konnte es nicht
aufreißen: in der Linken, der Zügelhand,
trug er zugleich den ſchweren Schaft des
Rabenbanners, das er nicht preisgeben
wollte, ſo wenig wie in der Rechten das
Schwert: denn ſchon waren die Lanzenträger
des Jarls, von oben herabgeſprungen in
wilden Sätzen, ganz nahe: lebend hofften ſie
den hilfloſen Reiter im wankenden Sattel zu
greifen: — da riß — ſo ſchien es — eine
unſichtbare Hand den ſchnaubenden Hengſt in
die Höhe und nieder zu Boden rannte er in
raſchem Anlauf die Vorderſten.

Ein andermal war Sigwalt, nur von
Arngrimr begleitet, zur Nacht ausgefahren
in kleinem Bot, die Ankerungen zahlreicher
Bikinger aus Dänenland heimlich zu erkun=
den, die ſich vor dem Haugar=Fjord ge=
ſchart hatten, alsbald ein paar hundert Räu=
ber zu landen und abermals alle Schrecken

der Heerung in Sigwalts Königsfrieden zu
tragen.

Trefflich war die Spähung gelungen:
die wenig Vorsichtigen schmausten, zechten
und lärmten an Bord: kurz vor Sonnauf=
gang wandten die Kühnen das Schifflein gen
Norden, ungesehen nach Hause zu kommen mit
wichtiger Kundschaft. Aber plötzlich erhob sich
— gerade als die Sonnenscheibe über die
Meeresfläche gestiegen war und sie weithin
erhellte — ein furchtbarer Sturm aus Nord=
nordost, dem weder Segelkunst noch Ruder=
kraft gewachsen war: trotz alles Wider=Rin•
gens der vier starken Arme ward das kleine
Fahrzeug wie ein schwimmender Strohhalm
zurückgeworfen nach Südsüdwest, zurück ganz
in die Nähe der feindlichen Drachen. Bald
hatte man nun von deren Mastkörben aus
die hilflos Treibenden entdeckt, erkannt: und
jene hochbordigen, tiefgehenden, steuergehor=
sam gebauten Orlogschiffe, von hundert Ru=
dern beflügelt, konnten es wagen, dem Sturm

entgegenzufahren, — wie oft thaten sie
das zu eitel Lustbarkeit! — und jene Nuß=
schale abzufangen oder durch das bloße An=
fahren umzustürzen. Alsbald sahen die Be=
drängten die stolzen Drachen von vorn und ·
von beiden Flanken heranrauschen.

„In die Schären dort, gen Osten, nah zu
Land!" gebot der König, der — stehend —
das Steuer führte. „Leg dich aus! Zieh
so stark du kannst. In jenes Seicht können
uns die Tiefgänger nicht folgen: sonst zerschellen sie am Geklipp ringsum."

Mit der Kraft der Verzweiflung arbeite=
ten die beiden Männer. Und wirklich gelang
der verwegene Plan: ohne aufzurennen —
Arngrimr staunte über des Königs Steuer=
kunst, aber dieser selbst noch mehr! — schoß
der flache Kiel durch einen gefährlich schma=
len Spalt mitten in das Gewirr der Basalt=
klippen, die zum Teil aus dem Wasser ragten,
zum Teil wie schwarze Seeungetüme hart
unter der Oberfläche zu lauern schienen.

Und die feindlichen Schiffe vermieden es weislich, den Flüchtlingen hierher zu folgen. Aber, o Schrecken! Sie ließen vor der einzigen Öffnung der kreisförmigen Schären die Anker nieder und hielten jene enge Spalte bewacht, durch die das Bot allein wieder ausfahren konnte.

Die Beiden schienen verloren! Verhungern oder sich gefangen geben: — es blieb nichts Drittes: sie waren schon gefangen in dem Kessel, in welchem die Brandung, wütend kreiselnd, den weißen Gischtschaum der giftig-hellgrünen Wogen hoch über die Klippen, über die Helme der Männer schleuderte, das kleine Bot fortwährend im Kreise herumwirbelte und so tief mit Wasser füllte, daß es zu sinken drohte: es war ein ohnmächtig Bemühen, diese Wassermengen mit den beiden gewölbten Schilden auszuschöpfen.

„Wir sinken," sprach der König, das nutzlose Werk aufgebend; „Dank für deine

Treue. So greifen sie uns doch nicht
lebend." Und er ließ den Schild auf den
Boden des Nachens gleiten.

„Halt!" rief Arngrimr. „Schau dort
hin — dort im Westen. Plötzlich! Was
fliegt da Weißes, was läßt sich herab hoch
aus der Luft?"

„Ein weißer Schwan!"

„Unmöglich! So weit im Meer!"

„Bei solchem Sturm!"

„Da! Zwischen uns und dem Lande
schwimmt er."

„Sieh, er schwebt hoch auf den Wellen=
kämmen, die müssen ihn tragen. Nach Osten
schwimmt er pfeilgerade."

„Nun muß er zerschellen an jener schwar=
zen Felswand."

„Nein! Schau! Da öffnet sich vor ihm
ein gähnender Spalt."

„Den sah ich doch zuvor nicht!"

„Brandung deckte ihn und Schaum."

„Der Schwan schwimmt darauf los."

„Durch schwimmt er. Er ist ver=
schwunden!"

„Er ist draußen, in der Weitsee!"

„Folgen wir ihm!"

„Wir sind gerettet!"

Und sie ruderten mit allen Kräften auf
den neu entdeckten Spalt zu: haarscharf schoß
das schmale Schifflein durch die Enge, nicht
ohne an beiden Borden scharf angeschrammt
zu werden.

Aber nun waren sie draußen, ostwärts
vor dem Kreise der Klippen und durch deren
hohe Wände hier den Blicken der Feinde ent=
zogen.

„Schau! Der Schwan! Er fliegt. Denn
der Sturm läßt nach."

„Er sucht Land! Der kennt sicher den
Weg. Er zeigt ihn uns! Folgen wir ihm.
An Land!"

„In die Heimat! In die Freiheit!"

Als aber der alte Arn das von dem
Schwan vernahm, nickte er bedeutsam mit

Haupte: „Das war kein Federvieh! Fliegt nicht im Meersturm. Das war eine Schwanenjungfrau, Siegvaters rettende Botin."

„Du magst wohl Recht haben," meinte Sigwalt. — „Ach, nur einmal wieder sie schauen!" seufzte er leise und traurig.

VII.

Denn — seltsam zu sagen! — trotz seines durch all' Nordland schnell wachsenden Ruhmes —, trotz aller Siege — auch jene Dänenflotte war in der folgenden Nacht, dank der gelungenen Erspähung, durch Überfall auf kleinen Boten mit Feuer und Schwert vernichtet worden, bevor die Drachen ihre arge Brut hatten an Land werfen können: es war ein großer, stolzer Sieg! — Sigwalt, in der Blüte der Jugendkraft, war nicht fröhlich: traurig war er wieder, wie einst an der Küste von Kent: ja noch viel trauriger.

Ein träumerisches Wünschen, ein schmerzliches Sehnen schien geheim an ihm zu zehren.

Nicht öfter, nicht länger als die Königspflicht der Wirtlichkeit gebot, weilte er in der

Al=Halle an den Gastabenden: früh suchte er
sein Lager, das er mehr, als sonst kraft=
strotzende Jugend, zu lieben schien.

Sein einsam Lager!

Denn vergebens mahnten, ja drängten ihn
Arn und die andern Hallgenossen, nun, nach=
dem seine Herrschaft gefestigt, dem Königshaus
die Königin zu geben.

Eines Abends sprach der Alte zu ihm —
abseit der Andern: „Leer steht der Platz zur
Linken neben deinem Hochsitz. Das soll nicht
sein. Deiner reichgeschmückten Halle fehlt
der schönste Schmuck: die Hall=Herrin. Und
wohlgethan wär' es auch, durch Verschwäge=
rung einen der Nachbarkönige eng uns zu
verbinden. Keiner sagt dir nein. Und noch
weniger eine ihrer Töchter! Nicht Thorgerd
von Throndheim, nicht Alfheid von Upsala,
nicht Rauthild von Raumariki. Schön sind
sie alle drei und reinen Herzens. Oder" —
fügte er zögernd, mit prüfendem Blicke, hinzu
— „darf ich ein Eilschiff rüsten als Braut=

schiff, Mast und Rah bekränzen und, — ein
grauer Freiwerber — treten in König Hengists
Saal?. Sei gewiß: nicht allein komm' ich
zurück! Schön Guntfrid..."

„Ist meine treue Schwester. Und bleibt
es. Gute Nacht, Alter. Du meinst es gut.
Aber laß mich schlafen, ... träumen!"

Und er hob die letzte Hall-Fackel aus der
Pfeiler-Öse und ging langsamen Schrittes,
leise seufzend, in sein Schlafhaus. Dort an-
gelangt löschte er das Licht, warf sich auf das
aus gehäuften Wild-Fellen hoch geschichtete
Lager, schloß die Augen und griff mit beiden
Armen in die dunkle leere Luft: „O komm,
komm, Schlaf, und bringe den Traum, den
holden: zeige mir wieder die schlanke Gestalt,
die einzige Sehnsuchtbeschwichtigerin, das einzige Glück meines Lebens: ach ein Traumglück!
Aber nur dieser Traum ist mein Leben!"

Und bald entschlief er; und ein seliges
Lächeln spielte um seine Lippen.

VIII.

Zur gleichen Stunde saßen Odhin und Frigga nebeneinander auf dem Doppelhochsitz zu Hlid=
skialf, Odhins Halle, von wannen er alle neun Welten überblicken mag.

Und beide schauten durch das flimmernde Mondlicht der Sommernacht in das offne Fenster zum Schlafhause und sahen ihn liegen, den lächelnden Träumer, der im Schlaf weislings abgerissne Worte sprach und mit dem rechten Arm manchmal ausholte, aber nicht gar weit, als wolle er eine nahe Gestalt noch näher an sich ziehn.

Die Göttin hatte den Arm vertraulich auf die linke Schulter des Gatten gelehnt, der, den Speer zwischen den beiden Füßen auf den Boden gestützt, die Spitze über die rechte

Schulter gelehnt, sinnend hinabblickte: lang=
sam strichen die Finger seiner Linken durch
den wirren Bart.

Scharf sah sie auf ihn, wie um hinter
der gewaltigen Stirne seine Gedanken zu lesen,
aber nicht umsonst hieß er der unergründliche
Grübler.

„Arger Gott . . .“ begann sie.

Da wandte er ihr voll das Antlitz zu:
schön stand ihm das heiter überlegne Lächeln,
das die bärtigen Lippen leis öffnete: „Dieser
Ansprache hast du mich gewöhnt. Auswendig
kann ich sie. Willst du sie nicht künftig weg=
lassen? Sie versteht sich von selbst!“ Und
ruhig sah er wieder hinab.

„Wie lange noch,“ fuhr sie ungeduldig
fort, „soll dieses Spiel währen?“

„Es ist kein Spiel. Ich sorge, es wird
bittrer Ernst.“

„Seit lange, lange — seit er sie zuerst
geschaut! — quält ihn die sehnende Liebe.
Und länger noch quält liebendes Sehnen

Guntfride, meine ſanfte Lieblingin. Der ſtattliche Held, ihm gebührt die Gattin am Herde. Und ſoll das nicht mein braun jung Rehlein werden, — warum giebſt du ihm — deinem Patſohn, deinem Schützling! — nicht ein ander würdig Gemahl?"

Odhin lupfte leicht die Schultern, wie er pflag, lehnte er ab. „Bin ich der Gott der Verliebten? Rufe Freia. Die verſteht das und thut das. Und wie gern!" lachte er.

„Du entſchlüpfeſt mir nicht!"

„Arger Gott!" lächelte Odhin.

„Warum gaukelſt du dem Sehnenden ſo oft — wie gerade jetzt wieder! — im Traum ihr Bildnis vor?"

„Der arme Junge! Solchen Liebesgenuß — außer der Ehe! — ſelbſt deine Geſtreng= heit mag ihm den doch gönnen!"

„Warum thuſt du das?"

„Er — er ſoll ihrer nicht vergeſſen. Und ſoll gern in Kampf und Schlacht reiten, weil er weiß, ſie iſt ihm dann helfend nah."

„Und weshalb führst du die Beiden zu=
sammen mit der Linken und hältst sie aus=
einander mit der Rechten?"

„Weil . . .: — viel frägt forschende Frau!
Weil die Nornen mir verkündet, ihr Geschick
sei eng verbunden. Und um dieser sehnenden
Liebe willen werde er den Bluttod sterben.
Dann aber kann er eingehn unter die Einheriar
nach Walhall wie vor ihm sein Vater."

„Nun wohl, so gieb ihm Sigridh zum
Weibe."

Leicht kopfschüttelnd blies er mit leisem
Spott in den Bart: „Puh! Weiter nichts?
Meine Walküren sollen nicht Kindlein wiegen.
Brauche sie zu besserem Werk!"

„Nicht besser Werk ward dem Weibe."

„Meinst du? Anders denkt Sigridh, mein
kühnherzig Kind. Frage die Frohe."

Da erhob sich die Göttin vom Sitze,
hoheitvoll: ein edles Feuer leuchtete aus ihren
großen Augen: „Ich habe sie gefragt."

„Nun?" meinte Odhin sehr ruhig.

„Vielmehr — sie fragte mich."

„Das wäre!" rief er jetzt, unwillig.

„Ja, grübelnder Ase, Vielkluger, Viel= wissender: Alles weißt du denn doch nicht."

„Ach nein! Nicht einmal die Nornen!" seufzte er.

„Viele Rätsel weißt du zu raten! Doch in der Mädchen Herzen, in der Weiber Seelen . . ."

„Oft schaltest du schon," lächelte er, „der ‚arge Gott' sei darin nur allzuviel erfahren;" er lächelte vergnüglich vor sich hin.

„Spotte nicht! Ich fürchte, diese beiden machen dir den Spott vergehn! — Höre denn. Wenig Freude hab' ich an deiner Wunschmaide wilder, tobender Schar: nicht meine Töchter sind es!"

„Es wären dir wohl zu viele geworden," flüsterte er lächelnd, aber unhörbar, sie nicht zu kränken.

„Ehelos gezeugt sollen sie der Ehe fremd bleiben."

„Das sollen sie! Höherer Freuden ge=
nießen sie."

„Aber zuweilen durchbricht die echte Wei=
besart in ihnen deine Pläne. Gedenkst du
noch Hildens? Und ist es dir etwa nach
Wunsch und zu Freude geraten, daß du
durch allerlei Zauber deinen Liebling Brun=
hild und deinen Enkel Sigurdh getrennt?"

„Schweig mir davon!" grollte er finster.

„So trotzt auch Sigridhens Weibesherz
deinem Willen. Längst hatt' ich's erkannt: —
du nicht, du großer Ergrübler! — nicht die
Walküre, die Liebende in ihr war's und ist's,
die so eifrig, so treu ihn beschützte und be=
schützt, wie nie Walküre gethan."

Ein ungläubiger Blick traf sie von der
Seite: „Eia! Nein! So wollte ich nicht. Nur
Er sollte . . ."

„Ja," lachte die schöne Göttin und
warf die dichten weizenblonden Doppelflechten
über die Schultern zurück, „so wolltest Du.
Aber so will nicht Sie! Wisse denn:

manche Nacht, wann du ihm ihr Traumbild
gezeigt, faß sie selber leibhaftig an seinem
Lager."

Auf sprang der Gott und stieß den
Speer auf den Estrich, daß der erdröhnte.
„Sie hat es gewagt? Die Walküre! Und
du, strenge Göttin, du haft es gewußt und
gedulbet?"

„Gern! Denn kein Unrecht geschah da=
bei. Sittig faß sie neben seinem Pfühl, un=
erreichbar seinem greifenden Arm."

„Er fah sie ja nicht!"

„Doch! Ich hatte ihm die Augen be=
rührt, daß er sie fah mit geschlossenen Libern.
Ei, seliger machte ihn das als dein Traum=
gespenst."

„Und du — Frigga! — haft meine
Walküre bethört, haft mit ihr zusammen..."

„Behüte! Sie ahnt nicht, daß ich um ihre
Liebe weiß, daß ich sie schweben fah in sein
Gemach."

„Aber warum...?"

„Weil ich will, — nachdem Guntfrid
ausgeschlossen! — daß diese Liebe Ehe wird.
Nur Ehe ist echte Liebe."

„Nimmermehr! Eh' töt' ich ihn: Jung=
frau bleibt mir Sigridh und Walküre. Sie
wird! Sie will's selbst."

„Glaubst du? — Wohlan, so höre Alles.
Gestern suchte sie mich in dem stillsten Ge=
mach von Fensal, trat vor mich hin und
sprach: — zwar übergoß ihr holde Scham
dabei die Wangen, aber fest sah sie mir ins
Auge: ‚Hilf, Ehegöttin! Nicht Freia ruf' ich
an: wir bedürfen ihrer nicht: — Sigwalt,
mein' ich, der Held, und ich. Er liebt mich,
oft rief er's im Schlaf. Und sein ist mein
Herz. Und mein Leben. Hilf, daß wir zu=
sammen kommen am ehelichen Herd. Sieg=
vater hat verwehrt, mich ihm zu zeigen, bis
er selbst mich entsendet: sonst droh' im Ver=
derben. Das allein hält mich ab: sonst hätt'
ich längst dem Verbote getrotzt.'"

„Verwegene!"

„‚Du aber,‘ — fuhr sie fort —, ‚die sie die
Harte schelten, ich weiß: du schirmst, ja, du
bist selbst die wahre Liebe. Dich ruf’ ich an.
— Du bist nicht meine Mutter: — die Erden=
frau starb, sobald sie mich geboren: — aber
als die gütige Mutter aller Weiber ruf’ ich
dich an: wende Siegvaters Willen.‘“
Unmutig schüttelte der das mächtige Haupt.
„‚Oder ersinne — listig, sagt man, ist
dein Sinn! — erfinde einen Ausweg aus
seinem Verbot.‘“
Da lachte Odhin grimmig vor sich hin:
„Wird dir schwer werden!“
„Ich will nicht erlisten: erweichen, er=
bitten will ich dich!“ Und leise zog sie ihm
Haupt und Nacken näher an ihren Busen.
Aber ungestüm riß er sich los und schritt
hinaus: „Spare das! Nie! Sie bleibt
Walküre.“

IX.

Wenige Tage darauf ging König Sig=
walt in den Haugar=Wald zur Jagd, die
Bären, die zahlreich in jenen Felshöhlen
hausten, rissen gar viele Rinder und Schafe
der Bauern auf der Sommerweide: die Dorf=
hirten wagten sich gar nicht mehr aus den
Gehöften mit ihren Herden.

Mehr um der Schutzpflicht willen des
Königs als aus Lust am Waidwerk war er
ausgezogen: denn wie alle Lust war auch
diese aus seiner Seele gewichen, verdrängt
von sehnendem Gram, der ihn auch die Ge=
sellung der Freunde meiden ließ: so hatte er
auch diesen gefährlichen Gang allein angetreten.

Bald hatte er am frühen Morgen des

Brach=Monds im tauigen Waldgras und
weichen Mos die Doppelspur von Bär und
Bärin ermerkt und daneben die flacheren
Stapfschritte des Jungen: um diese Zeit,
kurz nach dem Wurf, wann der Bär noch
bei der Mutter bleibt, wird das — neben
dem Saugen — auch schon gewöhnt, Beeren,
Honig und Fleisch zu schmecken: in diesen
Tagen sind die Viehschäden am stärksten, die
Tiere am gefräßigsten und bösesten; wohl
wußte das der Jäger: drum hatte er außer
dem Kurzschwert im Wehrgurt zwei starke
Speere mitgenommen, gleich geschickt zu Wurf
und Stoß.

Ohne Mühe verfolgte er die Spuren bis
zu der Fraßstätte, die nahe der Lagerhöhle
zu liegen pflegt: schon sah er in einer Wald=
blöße die Alten und das wollige, täppische,
drollige Junge liegen: sie fraßen alle drei an
einem mächtigen jungen Stier, den der Alte
draußen auf der Weide gerissen und so weit
in den Urwald geschleppt hatte.

Obgleich die beiden Alten ihm den Rücken zeigten, trug doch der Wind ihnen gar bald den Ruch des Menschen zu: beide wandten sich: und sobald der Bär den Jäger eräugte, richtete er sich, grimmig brummend, auf und schritt, die Pranken aneinander schlagend, daß sie klirrten — ein Zeichen schlimmsten Zorns! — aufrecht auf den Feind zu, während die Mutter bemüht war, das Junge durch Stoßen und Schieben mit dem Kopf von dem leckeren Fraß hinweg, den es winselnd nicht lassen wollte, in das dichteste Gebüsch hineinzudrängen und zu flüchten.

‚Tapfer ist Thors Tier und des Todes würdig tapfrer Thane,‘ dieser kentische Waidmannspruch kam Sigwalt zu Sinn, als der Bär gegen den hochgeschwungnen Speer mit der blitzenden Bronzespitze furchtlos heranschritt: auf halbe Speerwurfweite ließ er ihn heranstapfen: das ging ziemlich langsam, während die Schweren, scheinbar Schwerfälligen, auf vier Füßen unglaublich schnell laufen können.

Scharf zielte er nun, den Arm hin= und
her=wägend: mit Verdruß erkannte er, daß
die Herzstelle durch die umgebogne linke Vor=
derpranke jetzt gedeckt war: so mußte er die
rechte Brustseite zum Ziele nehmen: nochmal
wog er den Speer: nun flog der und fehlte
nicht: der Bär fiel, getroffen, auf die rechte
Seite und rührte sich nicht mehr.

An ihm vorbei sprang hurtig der Jäger:
denn er wollte die Alte und die Brut nicht
entkommen lassen. Und nicht lange wahrlich
hatte er nach jener zu suchen: die tapfre
Bärin war sofort umgekehrt, sobald sie das
Junge in dem für Menschen undurchdring=
baren Dorngehege des Unterholzes gesichert
sah: sie eilte zurück, dem Gatten im Kampfe
zu helfen: wild brummte sie, als sie den
regungslos liegen sah und lief den Sieger
an, sie wagrecht, ohne sich aufzurichten.
Schwerer ist — wie der Waidmann weiß —
dem Tier in solcher Stellung beizukommen:
denn das Herz ist dann von vorn unerreichbar

und hält es im Anlauf den Rachen noch
geschlossen, ist es nur im Genick töblich zu
treffen. Wohl erwog das der Jüngling: so
sprang er erst, als das Untier schon fast seine
Schuhe erreichte, behend zur Seite und bohrte
dem Vorbeirennenden die scharfe Spitze des
Speers mit aller Kraft tief in das Gefüge,
das den Hinterkopf und den Rückenwirbel
scheidet und verbindet zugleich.

Die Bärin sank auf allen Vieren zur
Erde nieder, tot.

Der Sieger beugte sich vor, den Speer
aus der Wunde zu ziehen.

Da schlug an sein Ohr ein lauter Warn=
schrei: — hoch aus den Lüften schien er zu
kommen: „Sigwalt! Schau um! Der Bär!"

Zu spät!

Der Bär, nicht töblich getroffen, hatte
sich auf die vier Füße erhoben und den
langen Speerschaft in seinen Rippen mit der
furchtbaren Pranke zerbrochen: aufrichten
konnte er sich nicht mehr: aber auf allen

Vieren war er rasch und unhörbar heran=
gerannt: nun schlug er die beiden Vorder=
pranken dem Vorgebeugten von hinten in die
Hüften: unter dem wuchtigen Schlage fiel
Sigwalt auf das Antlitz: er war verloren.

Da hörte er das scharfe Sausen eines
Wurfspeers: laut auf schrie der Bär, der
grimme Halt seiner Tatzen glitt ab, er sank
von dem Ergriffenen zurück. Der sprang
auf und wandte sich: tot lag das Ungetüm,
in dem Genick aber stak ihm — gerade in der
tödlichen Stelle — ein Wurfspeer.

Vergeblich sah er sich rings in der Runde
nach dem Werfer, — seinem Retter — um:
niemand und nichts war zu sehen, weit und
breit. Nur über den Wipfeln der hohen
Tannen über ihm rauschte Bewegung, während
sonst nirgends ein Windhauch wehte.

Er zog nun den fremden Wurfspeer aus
dem Nacken des toten Tieres: staunend be=
trachtete er ihn: nie hatte der Waffenkundige
dessen gleichen gesehen: unbekannt war ihm

das Holz des schlanken Schaftes: am oberen
Ende waren — zur Beschwingung des Wurfes
— links und rechts die Federn des weißen
Schwans in zwei goldenen Ösen eingefügt
und eine goldene Zwinge hielt die leuchtende
Spitze: oberhalb der Zwinge war mit Gold
eingelegt die Rune: S (8).

„Sigridh!" jauchzte er da selig. „Ja,
auch deine Stimme war's! Nur einmal ach!
hab' ich sie gehört. Aber unvergeßbar hielt
sie mir Ohr fest und Seele. Sigridh, Sigridh, wo bist du?" Sehnsüchtig, laut rief
er es in die Lüfte hinauf.

Aber alles blieb still: nur das leise
Wiehern eines Rosses glaubte er über den
Wipfeln zu vernehmen.

Da mahnte ihn brennender Schmerz der
Wunde von dem Bärengriff: er hatte ihrer
nicht geachtet, sie kaum gefühlt in der Er-
regung. Nun fiel ihm ein, daß ganz nahe,
bei einer Felsenhöhle, in der er oft auf der
Jagd geruht, ein schöner Waldquell entsprang:

in deſſen reinem Naß wollte er das Blut
abſpülen.

So nahm er neben ſeinem Wurfſpeer den
fremden mit: „Komm, Geliebte! hole deinen
Speer. Er bleibt mein Pfand, daß ich dich
wiederſehe."

Bald war die Quelle erreicht: wohlthätig
kühlte das friſche Naß die wunde Stelle.
Nun lockte der Duft friſchgeſchnittnen Heues,
das die Jäger in der Felswölbung gehäuft
hatten, behufs weicherer Raſt für den müden
Waidmann: er bückte das hohe Haupt mit dem
grünen Jagdhut unter dem überhängenden
Fels des Eingangs der dämmerdunkeln Höhle
und ſtreckte ſich auf das einladende Lager.

X.

Aber er konnte, er wollte nicht einschlafen! Zärtlich strich er, streichelte er den glatten Schaft des schwanen-flügligen Speers: „Hier haben ihre lieben Hände gehaftet! Oh Sigridh! Was alles dank' ich dir, wie oft mein Leben! Wie getreulich schirmend schwebst du mir zu Häupten all' die Zeit, im Kampf und im Traum! Und heute! Heute hast du mich beim Namen gerufen! Und ein sichtbar Zeichen von dir halt' ich in Händen! Dank dir! Heißen Dank! Aber ach, tiefer als der Dank ist das Weh, dies verzehrende Sehnen! Hätt' ich dich doch lieber nie geschaut! Oder wär' ich gleich gestorben nach jenem ersten

seligen Anblick! Dank? Nein, ich kann dir
nicht danken für ein Leben, das ich als Qual
dahinschleppe. Oh nur einmal noch dich
schauen! Du sagtest, das werde mein Ver=
derben? Oh willkommenes Verderben! Si=
gridh, Sigridh, höre mich! Komm, komm
zu mir! Dann will ich gerne sterben!"

Kaum war der Wiederhall der leidenschaft=
lichen Worte verhallt an den Wänden der
Höhle, als von außen her — hoch von oben
— eine liebliche Stimme erklang: „Sigwalt!
Sigwalt! Ist so dein Wille? Ist das deine
Wahl?"

„Ja, ja," jubelte er, aufspringend. „Dich
schauen, dich — einmal! — küssen und dann
sterben!"

„Du wirst dies Wort nie bereuen?"

„Niemals! Oh komm!"

„Du willst es . . .: dir werde dein Wille.
— Komm, Falka, abwärts, mein Roß!"

Wieder ein leises Wiehern — diesmal
ganz nahe, vor der Höhle — und in der

schmalen Öffnung des Eingangs stand die Walküre.

„Geliebte!" rief er vorspringend und beide Arme gegen sie hebend.

„Geliebter!" erwiderte sie. „Ich bin dein."

Und stürmisch warf sie sich an seine Brust.

XI.

Nun ward es still in der Höhle, geraume Zeit ganz still.

Sie schwiegen, die beiden Seligen da drinnen! das höchste Glück ist stumm. — — —

Nichts vernahm man als draußen das eintönige, kaum hörbare Geriesel des Wald=quells über die glatten Kiesel. Weitweg im Walde klopfte der scheue Schwarzspecht an die Rinden der Eichen; durch den Wach=holderstrauch hart an dem Höhleneingang schlüpfte einmal ein Zaunkönig und guckte neugierig hinein mit den klugen Äugelein: er hatte wohl früher hier Halme geholt zum Nest oder nach Heu=Mücken gejagt: aber wie er die beiden da drinnen ruhen sah Brust an

Brust, huschte er draußen vorbei mit silber=
hellem Ruf: er hatte Alles verstanden. —

Endlich begann Sigridh, das entfesselt
flutende Gelock — der Schwanenhelm war
ihr längst vom Haupt geglitten — aus dem
glühenden Antlitz streichend, sich sanft aus
den Armen zu lösen, die sie noch immer
nicht lassen wollten.

„Oh bleibe noch! Du darfst mich nicht
schon verlassen!"

„Mein Sigwalt, ja, ich bleibe. Ich
werde dich nie mehr verlassen."

„Wie? Sigridh, mein Weib . . . . ?"

„Das ward ich. Und das — nur das! —
bleib' ich. Die Walküre — deine Beschirmerin!"
— hier zuckte es wehmütig um die vollen
Lippen — „sie ist dahin, für immerdar dahin!"

„Wie? Du hättest . . . ?"

„Ich habe mich dir gegeben: ich kann
nicht mehr Siegvaters Schild . . . . Schild=
jungfrau sein." Schämig barg sie die Augen
an seinem Hals.

„Geliebte! Welch Opfer!"

Da hob sie wieder das Haupt und sah ihm selig in die Augen: „Opfer? Die Liebe kennt kein Opfer. Und du? Was hast du hingegeben für diese Stunde? Dich selbst, dein Leben in den sichern Tod! Denn, glaube mir, die Nornen lügen nicht und Siegvater — mein Vater! — scherzt nicht. Wehe dir," — sie erschauderte leise — „entdeckt er Alles."

„Ich fürchte nicht Nornen, nicht Odhin. Dich will ich und das Verderben. Sterben um Liebe: — wie selig!"

„Sterben um Liebe — wie selig!" wiederholte sie, ernst mit dem Haupte nickend. „Sieh, als zuerst ich dich sah, dort, an jener fernen Küste, — wie keine Schau vorher entzückte mich dein Bild . . ."

„Und ich! Seither . . .!"

„Ich weiß," lächelte sie und küßte ihn auf die Stirne. „Ich weiß Alles, was du gelitten in wachen Nächten, in fieberndem Traum.

Wie ergriff mich dein Sehnen — ja, es er=
griff mich: teilen mußte ich es. Wie gern
hätt' ich dich geweckt in mancher Nacht mit
glühendem Kuß und geflüstert: ‚Sigridh,
nach der du rufst, sie ist da, sie ist dein!‘"

„Warum dann . . . .?"

„Warum ich's nicht that? Oh Geliebter,
nicht aus Stolz: — Weibesstolz zerschmilzt
wie Eis in Glut in Weibesliebe. Nicht aus
Kälte: — heiß schlug dir mein Herz entgegen!
Aus Sorge um dich! Durfte ich — nach
kurzer Wonne! — dein Verderben werden?
Nach langem Ringen rief ich Frigga an: die
Ehegöttin — ach, sie hatte wohl schon viel
entdeckt — sie mußte wollen, daß diese
Liebe Ehe werde: denn daß sie nicht mehr
erlösche — das wußte sie.

‚Volliebe, das ist Ewigkeit,‘ sprach sie
ernst mit dem Haupte nickend, als ich flehend
ihre Kniee umfaßte. Gütevoll — wie eine
Mutter — erhob mich die sonst so strenge
Frau, wischte mit dem eignen Goldhaar die

Thränen von meinen Wangen und sprach:
‚Mich freut's, sucht das Weib statt des Kampfs
auf der Wahlstatt den Frieden des Herdes.
Getrost, mein Töchterchen! Manches willigt
mir Allvater zu, streich' ich ihm bittend das
Kinn. Ich will's versuchen.' Und sie hat es
versucht. Ach, umsonst!"

„Grausamer Gott! Wie sagt dagegen
doch sein Spangenspruch? ‚Reich lohnt...'"
Rasch verhielt sie ihm den Mund:
„Schilt nicht Siegvater. Er will ja dir
und deinem Vater treue Freundschaft lohnen.
Ich soll dich schützen, wie er dem Sterben=
den versprach, nicht dir nahn: — zu deinem
Verderben."

„Ich aber will um dich verderben!"

„Als ich das erkannt — unzweifelhaft —
aus tiefstem Ernst deiner Seele das vernom=
men, — da beschloß ich — ach nein! nicht be=
schließen, wählen! — ich mußte, hingerissen,
hingezwungen, dir willfahren — zu deinem
Verderben!"

„Glück auf zum sel'gen Untergang!“ rief er und riß sie ungestüm wieder an seine Brust. „Dank dir, ewig Dank. Diese Stunde ward unser: kein Gott, kein Schicksal kann sie uns mehr rauben. Und trifft mich Odhins Zorn zu Tode, — dich, die Tochter, kann er nicht strafen.“

Da lächelte sie traurig und sprach: „We= nig weißt du von Walvaters Wut.“

Erschrocken sprang er auf: „Und du, die sie kennt, du trotzest ihr? Und du liebst ihn doch, deinen Vater?“

„Mehr als Alles — nach dir!“ Sie erhob sich nun auch von dem Lager und beide traten vor die Höhle hinaus.

Da stand, mit dem Zügel an eine junge Erle gebunden, ein eisengraues, herrliches Roß; das wieherte freudig der Herrin ent= gegen, und scharrte mit dem rechten Vorder= huf ungeduldig den Mosgrund, müde des langen Harrens und lustigen, raschen Ren= nens begehrsam.

Sigridh zerdrückte eine Thräne in den Augen, unsichtbar für den Geliebten. Aber sie konnte nicht hindern, daß ihre Stimme ein wenig bebte, als sie, den gelösten Zaum dem treuen, klugen Tier auf den Rücken legend und ihm den schlanken Hals klopfend, sprach: „Nein, Falka! Nie mehr wirst du mich tragen in freudigem Ritt hoch durch die Luft, über schimmernde Helme, durch der Wurf= lanzen graues Gewölk. Nie mehr! Ledig läufst du zurück nach Walhall! Grüße mir Frigga, grüße mir Helmwine, grüße Wal= traute und alle die Schwestern. Sag ihnen: ‚Sigridh that wie sie mußte.‘ — Auf und empor!"

Sie gab dem Tier einen leichten Schlag auf den Vorderbug: einen staunenden, trau= rigen Blick warf es noch auf die Reiterin: dann schwang es sich mit mächtigem Satz vom Boden empor schräg in die Luft und war bald den nachschauenden Augen in den Wolken verschwunden.

6*

Nun senkte Sigridh das Haupt und sprach:
„Und wohin nun? Der Himmel ist mir ver=
schlossen. Wo hat Sigridh nun Heimat?"

Ganz leise, nur zu sich selbst hatte sie ge=
sprochen: aber er hatte es gehört: „Hier," rief
er, „an meinem Herzen. In meiner Halle!
Komm, Frau Königin von Halgaland."

Und rasch zog er sie an der Rechten mit
sich vorwärts auf dem Weg aus dem Walde
nach Halga=Björg.

So sah er nicht, wie sie leise das Haupt
schüttelte, hörte nicht, wie sie hauchte: „Nicht
Jungfrau, nicht Ehefrau! Nur mein Vater kann
mich ja zur Ehe geben! — Aber," — und hier
leuchtete stolze Freude aus den goldbraunen
Augen — „sein Lieb, sein Eigen, sein Glück!
— Zwar," schloß sie ernst, „auf wie lange?
Rasch reisen Siegvaters Raben, hurtig erkennt
Hugin. Und doch: — gesegnet, kurze Seligkeit."

Und tapfer folgte sie seiner führenden Hand.

XII.

Allein viel länger als die Kühnen gehofft,
ließen sie auf sich warten, Odhins Raben
und Rache.

Sie wußten ja nicht, — auch nicht
Sigridh — daß am frühen Morgen des
Tages ihrer Vereinigung schlimme Botschaft
aus Riesenheim den König der Asen und
fast alle seine Scharen abgerufen hatte zu
langer, langwieriger Heerfahrt.

Die Feuerriesen hatten vom Südende
Midhgardhs, von Muspelheim her, den Erd=
wall, den die Menschen dort unter Thors
Leitung errichtet, in plötzlichem, unaufhalt=
barem Einsturm durchbrochen, indem sie —
auf Lokis geheimen Rat — nicht wagrecht,

von außen, sondern senkrecht, aus der Tiefe aufsteigend, aus feuerspeienden Bergen, Erd=spalten und heißen Wasserdampf zischenden Geisern, von unten nach oben, das mühe=schwere Werk in einer Nacht zerstört hatten.

Unhemmbar ergossen sie nun flammende Zerstörung über die Siedelungen der Men=schen, die verzweifelnd die Hilfe der Götter anriefen.

Allvater eilte, sie zu bringen. War doch die Lohe so plötzlich und so hoch emporge=züngelt, daß sie sogar Hugins, des schnellen und klugen Raben, linke Schwinge angesengt und der treue Bote, nur mühsam flatternd, mit seiner Schreckenskunde die goldenen Zin=nen von Asgardh erreicht hatte.

Sofort befahl Odhin Heimdall, in das gellende Horn zu stoßen und sobald Frigga ihn vollgewaffnet hatte — obwohl sie mit Kinde ging, ließ sie sich das nicht wehren! — stürmte er auf dem raschen Luftroß dem ganzen Aufgebot der Götter und der

Einheriar vorauf gen Mittag: zum Schutz Asgardhs und der Göttinnen hatte er nur Heimdall an der Regenbogenbrücke, dann eine Schar Einheriar zurückgelassen — und die Walküren.

So hatte Sigridh, vor Tagesanbruch enteilt, keine Mahnung zur Heerfahrt erhal= ten: ihr Fehlen fiel auch später nicht gleich auf: waren doch die Schildmaide, denen ein= zelner Helden Beschirmung übertragen, gar oft und lang über die Länder und Meere verstreut.

Monde, viele Monde vergingen und die Scharen von Asgardh weilten immer noch fern: nicht zu bemeistern war in der Glut der Sommerhitze der feuerflammende Feind, auch nicht in dem warmen Herbst des Sü= dens: erst während des kalten Winters ge= lang es allmählich, die Feuerriesen langsam zu bändigen und endlich zurückzudrängen.

Das Fernbleiben Sigridhs — nach ge= raumer Zeit — blieb Frigga freilich nicht

verborgen: sie ahnte deren That, erriet deren
Aufenthalt. So bestätigte nur, was sie
gefürchtet, Gna, ihre rasche Botin, die sie
in Schwalbengestalt entsendet hatte nach
Halgaland.

„Man ehrt sie dort hoch in der Halle,"
berichtete die Wohlwollende, „als echte Herrin.
‚Frau Königin' grüßen sie Hallmänner und
Gäste. Freilich," fügte sie zögernd bei, „nicht
Ehegürtel trägt sie, nicht Ehring."

„Nicht möcht' ich's ihr raten," grollte
die Göttin.

„Sie ist so schön, so rührend in ihrem
Glück — in ihrer Zärtlichkeit . . ."

„Weh ihr und ihrer freveln Umarmung!
Ich kann sie nicht mehr schützen vor ihres
Vaters Zorn: sie strafen ist sein Recht: ich
greife ihm nicht vor."

So hatte das Paar geraume Zeit unge=
störten Glückes gewonnen.

Als aber Odhin endlich — nach neun
Monden — siegreich heimgekehrt war und

der scharfäugige Hugin bei einem Flug über Halgaland hin sofort Alles erschaut und seinem Herrn in Asgardh verkündet hatte, da entbrannte der in so furchtbaren Zorn, wie ihn Frigga und die andern Asen nie an ihm gesehen. Nicht rote Lohen des Grimmes, wie sonst wohl, stiegen ihm in Wangen und Stirn, — er erbleichte vor Wut. Wort und Stimme versagten ihm.

Stumm hob er den Speer, ihn drohend gen Halgaland schüttelnd, und gewaltig aus=schreitend gen Osten, wo Sigwalts Lande lagen.

Aber plötzlich blieb er stehen und wandte sich nordwärts.

„Wohin?" rief ihm Frigga von der Schwelle nach, bis wohin sie ihm erbangend gefolgt war.

„Erst zu den Nornen: dann zu — — ihr," sprach er zurück, an der Thüre vorbei=schreitend. „Nicht ihm zürne ich: nichts habe ich ihm verboten, nicht Er brach meinen

Willen. Daß Mannes Heißliebe auch einer Jungfrau nicht schont, — man hat's schon oft erlebt."

„Du selbst. Man weiß es," grollte Frigga. „Aber sie, mein Kind, mein Blut ..."

Freia im roten Gelock war lauschend in die offne Thüre getreten: „Wohl eben des= wegen!" wagte sie zu lächeln.

Aber erschrocken, verschüchtert entwich sie ins Haus, als er ihr zuherrschte: „Du, ew'ge Verführerin, schweig! — Sigridh! Sie soll's bereuen!"

„Das wird sie nie," sprach Frigga, „wie ich sie kenne. Wahrlich, vor vielen andern war sie würdig des Ehrings," schloß sie seufzend.

———

Als Odhin von den Nornen wiederkehrte, war der heiße Zorn kalter Ruhe gewichen; unheimlich ruhig — lächelnd, — sprach er, den gefürchteten Speer an die Hallenwand lehnend:

zu Frigga, die Widar, den Knaben, an der Bruſt hielt, den ſie während des Vaters Ab=weſenheit geboren: „Nun brauche ich nicht mehr ihr die Strafe zu erſinnen. Das Schick=ſal wird ſie ſtrafen an meiner Statt. Und das iſt gut. Das Schickſal iſt unerbittlich, nicht — wie Du weißt! — Allvater.“

XIII.

Wenige Nächte darauf ward König Sigwalt von seinem Nord=Hag her gemeldet, abermals habe Jarl Tostig viele Helme seiner Herade aufgeboten und dänische Seeräuber um Sold geworben, abermals sei er eingefallen in die Nordmark von Halgaland und abermals heere er furchtbar, mit Brand und Mord, nicht Weiber, nicht Kinder verschonend.

Sofort zog der Landschirmer gegen ihn aus.

Hart ward ihm der Abschied von Sigridh: denn einer schweren Stunde sah die entgegen in den nächsten Tagen.

Und auch das junge Weib schmiegte immer wieder das blasse Gesicht an seine Schulter und hielt ihn umfaßt mit den Armen. Und er fühlte an seinem Hals ihre Thränen.

„Mußt nicht weinen!" tröstete er. „Un=
zählige Weiber haben's gesund bestanden und
waren dann — bei des Kindes erstem Schrei!
— glücklicher als je zuvor. Fürchte dich nicht,
Walküre!".

Laut auf schluchzte sie da und schlug die
lichten Hände vor die Stirn. „Walküre!
Ja, das ist's! Meinst du, Sigridh weint
um drohende Weibes=Wehen? O nein! Aber
daß ich dich — zum erstenmal! — unbe=
schirmt muß ausziehn lassen in die schwir=
renden Speere, — das ist das Untragbare!
Weh uns, wir haben ihn selbst zerbrochen,
den Schild, den Odhin deinem Vater für dich
versprach. Weh, wenn sie mir dich auf vier
Speeren in die Halle tragen, wie ich so
viele totwunde Männer habe tragen sehn!
Oh Siegvater, strafe mich! Aber ihm zürne
nicht! Ich — ich warf mich ihm in die
Arme. Ich allein heische die Strafe für
meine alleinige Schuld!"

Mit den eignen waffenvertrauten Händen

waffnete sie ihn sorgfältig vom Helm bis zum
Sporn: jede Schutz= und jede Trutz=Waffe
prüfte sie genau, bevor sie ihm sie anlegte
oder hinreichte.

Traurig streichelte sie seinem Rappen Hals
und Mähne: „Reich füllt' ich dir mit gold=
gelbem Weizen zum Abschied die Raufe. Trage
mir treulich den Trauten zurück!"

Aber der Hengst ließ den Kopf hangen
und sah zur Erde. —

Und von der Zinne der Burg blickte sie
den Ausziehenden nach, — es waren alle
Hall=Männer, bis auf den Thorwart — bis
sein ragender Adlerhelm auch ihrem scharfen
Auge nicht mehr sichtbar war. Da brach sie
zusammen mit schrillem Schrei. Rasch trugen
ihre Frau'n sie auf's Lager.

XIV.

In der zweitfolgenden Nacht — schon be=
gannen die Sterne zu bleichen — pochte es
ungestüm an das Thor der Burg.

Der greise Thorwart that auf: entsetzt
fuhr er zurück: der Schlüssel entfiel ihm: hoch
hob er die Kienfackel vor sich hin und klagte:
„Hilf Odhin! — Herr König — was ist
Euch? Bleich wie der Tod — ohne Helm,
ohne Schild — von Blut überströmt — Ihr
wankt!"

„Schweig! Schließ das Thor! Wirf den
Notriegel vor! Wo ist...?"

„Die Herrin ist eines Knaben genesen.
Aber die Frauen sagen..."

Schon war er enteilt. Schon lag er auf
den Knieen an ihrem Schmerzens=Pfühl —
neben der Schildwiege —, das blutende Haupt
auf ihre Füße gebeugt.

Stumm wies er die Frauen hinaus.
Er schwieg. Auch der höchste Schmerz ist
stumm. —

Aber ein leiser Schrei — ein Kindesschrei
— weckte die Mutter: sie schlug die Augen
auf: bei dem fahlen Schein einer Wandfackel
ersah sie ihn, — ersah Alles!

„Oh Geliebter," hauchte sie, „wir müssen
scheiden. Ich sterbe. Und du . . ."

„Ich folge dir. Oder gehe dir voraus.
Alles verloren! Sieg und Leben! Während
ich auf dem Heidestrand Tostig bekämpfte,
landeten die Seeräuber in unsrem Rücken.
Schon hatten sie meine Fahne errafft. Ich
entriß sie ihnen wieder — der Schaft zer=
spellte — aber da! — um meine Brust
wand ich das Tuch: ich will darin verbrannt
sein.

Nun fiel mein Hengst, mein Schwert zer=
brach, mein Schild zerbarst: — ‚Alle auf den
König!‘ — ich hörte den Losungsruf, durch
meinen Helm schlug ein Enterbeil . . .“

„Oh,“ stöhnte sie und rang die Hände,
„und deine Walküre! Hier lag sie und wand
sich in Wehen, ein unnütz Weib!“

„Die Freunde schützten mich Wehrlosen,
Wunden mit ihren Leibern. Alle drei fielen
sie, Arnstein und Arngrimr und zuletzt, meine
Flucht deckend im Engpaß, Arn der Alte.
Um sie her liegen all' meine Speergenossen,
tot. Ich allein entkam, verfolgt, gejagt,
gehetzt von ihren Reitern, zuletzt auf steilem
Felssteig mich bergend. Aber bald, bald müssen
ihre Gäule wiehern vor unserem männerleeren
Haus und . . .“

Er wollte sich erheben, aber er sank vorn=
über: Ohnmacht schloß ihm den Mund. Mit
Anstrengung hob die Matte die Hand und
strich ihm über das blutige Gelock, das auf
ihrem Busen lag.

Und stille ward es nun in dem Gemach:
— wie damals dort in der Höhle. — —

————

Draußen aber, auf der breiten Heerstraße,
nahte klirrend und rasselnd die Vorhut der
Verfolger, an der Spitze seiner Reiter Jarl
Tostig: schon ersah er im steigenden Morgen=
licht die Zinnen der Burg.

„Ah, seht die Türme von Halga=Björg!"
rief er, sich auf dem Gaule zurückwendend.
„Bald sollen sie brennen lichterloh und alles
Leben darin und darunter!"

Und er schwang die Fackel, die er statt
des Speeres in der Rechten trug.

„Nein, Hausbrenner! Das sollen sie nicht!"
erscholl da eine furchtbare Stimme aus dem
dichten Buschwerk zur Rechten der Straße.
„Stirb, Landwüster! Aber nicht nach Wal=
hall mit dir. Unblutig fällst du! Hinab in
den Eisstrom der Nattern, Weibermörder,
Kinderschlächter!" Und Odhin trat aus dem

Dickicht in die Mitte der Straße in all' seinen strahlenden Waffen, den Schreckenshelm mit den drohend entgegengesträubten Adlerflügeln auf dem Haupt.

Da erschrak das Rotroß des Jarls, bäumte sich in wildem Entsetzen, überschlug sich nach rückwärts und begrub unter sich den Reiter mit gebrochnem Genick.

„Odhin über uns! Odhin hat uns Alle!" schrien die Seinen, warfen die Gäule herum und stoben zurück, in wilder Flucht entschart.

„Nun komm!" sprach der Gott in das Gebüsch hinein in schwerem, schwerem Ton. „Komm, Frigga. Das Ende naht."

XV.

Alsbald standen die Beiden — durch das
offne Fenster des Schlafhauses waren sie un=
vermerkt eingeschwebt — vor dem Lager, auf
dem Sigwalt und Sigridh ruhten.

Es war jetzt lichter Morgen: die Sonne
hatte hell auf das Pfühl geschienen: plötzlich
schloß sie ein dunkler Schatte aus.

Da erwachte Sigwalt aus seiner Betäu=
bung: „Das ist Odhin," sprach er.

Auch das bleiche Weib schlug die Augen
auf: „Und seine Strafe. Ich erwarte sie.
Aber das Helle da neben ihm ... das ist ..."

„Frigga," sprach die Göttin, vortretend.
„Unselige! Sprich! Gieb Acht, wie du jetzt
antwortest: bereust du?"

Da lächelte sie: „Ich thät's nochmal."

Einen bedeutungsvollen Blick warf Frigga
auf den Gemahl.

Der aber sagte ruhig, ohne Zorn: „Deine
Strafe, verblendet Kind, ist: — ewige Tren=
nung von ihm. — Komm, König Sigwalt,
Sigwins Sohn, mein Patkind. Nicht dir
zürn' ich. Tapfer und treu stirbst du mir
den Bluttod. Bereite dich! Ich rufe Wal=
traute: sie trägt dich nach Asgardh, zum
Vater, mit ihm in Walhalls Wonnen zu
wohnen."

„Und — sie?"

„Das sterblich gewordene Weib, — es
sinkt nach Hel."

Da schloß er beide Arme um die rührende
Gestalt: „Und ich mit ihr."

„Unsinniger! Traurig ist Hel, elend das
Leben der bleichen Schatten! Wahrlich, lieber
möcht' ich als Pflugknecht des ärmsten Bon=
den atmen auf der sonnenbeschienenen Erde,
denn in Hel den Königsstab schwingen über

alle Schatten. Auf! Dein wartet Walhalls Glanz."

„Sie gab Walhall dahin um ihre Liebe: — wähnst du, Sigwalts Liebe ist schwächer?" Da verstummte Odhin. — —

Aber Frigga sprach, die Hand auf seine Schulter legend: „Das war noch nie!"

Allein der Gott beharrte: „Und dein Vater: — was sag' ich ihm von dir?"

„Sag ihm: ‚Dein Sohn gab Liebe um Liebe und Treue hielt er für Treue.'"

„Ich sage dir — ich sah's! — traurig ist der bleichen Schatten Leben in Hel."

„Sie wird dort leben."

„Odhin," flüsterte die Göttin, „das ist größer als dein Zorn, stärker als dein Verbot: heb' es auf. Die Walküre ist dir doch verloren. Thu das deiner Würdige: — das Große. Wie lautet es doch: ‚reich lohnt Odhin . . .'"

Da sprach der Gott: „‚Treue Freundschaft.' Zwingen nach Walhall kann ich nicht:

das ist ein Recht, nicht eine Pflicht." Nun beugte er sich vor und beider Hände zusammenfügend fuhr er fort: „Ich, meiner Tochter Sigridh Muntwalt, vermähle sie zur Ehefrau König Sigwalt von Halgaland. Auf den Muntschatz verzicht' ich: mit dem Leben hat er ihn bezahlt."

„Und hier, junge Frau, nimm du diesen Ring: Friggas Ring. Die Weiber in Hel sollen als Eheweib dich begrüßen."

„Dank, Dank! Aber .. mein Kind ... verwaist ... es wird vergehn ...!"

„Sorge nicht! Auch nicht verdursten soll's!" lächelte die Göttin, nahm das kleine Wesen so zärtlich wie nur sie es versteht aus der Schildwiege, öffnete ihr weites Busengewand und legte sein Mündlein an die schwellende, die wunderschöne Brust: sofort begann es gierig, die Göttermilch zu saugen. „Trinke nur," sprach sie, sich mütterlich herab beugend, „es bleibt noch genug für Widar. Und wann der Knabe der Muttermilch nicht mehr bedarf,

— nach Kent bring' ich ihn behütlich. Dort lebt ein Mädchen ...."

„Guntfride!" hauchte Sigwalt. „Sie ist treu. Ja, sie soll ihn aufziehn."

„Zu einem Helden," sprach Odhin, „wie sein Vater war und sein Ahn. Skiold Odhinsenkel soll er heißen und — mit dem Namen ziemt es sich, Gabe zu geben! — sein Ruhm soll ganz Nordland erfüllen. Ihr aber, heiße Herzen, — ruhet nun."

„Ja, in Hel," sprach Sigwalt, „aber ..."

„Vereint auf immerdar!" lächelte Sigridh.

Da starben beide.

Schweigend standen die Götter eine Weile bei den Toten.

Dann sprach Odhin, der Gattin Hand ergreifend: „Ich danke dir, Frigga. Du konn=test das Schicksal nicht wenden, aber ...."

„Verschönen. Das ist Frauen=Amt."